El Community Manager y las Ciencias de la Documentación

Raúl G. Beneyto

A Estrella y Tirso

Índice

1.- Introducción

1.1.- Presentación

La Sociedad de la Información está evolucionando a buen ritmo, en el que la fusión acelerada de la informática, Internet y las telecomunicaciones, lo que son en definitiva, las tecnologías de la información y las comunicaciones (TIC), está provocando que se generen nuevos productos y servicios hasta ahora desconocidos, así como nuevas formas de proceder a la gestión dentro de las organizaciones. Todo esto está generando que se produzcan y proliferen nuevas oportunidades sociales, comerciales y sobre todo profesionales. El mundo está experimentando una transformación sin igual en la forma de entender su entorno, llevando de la Sociedad Industrial, que marcó y caracterizó el siglo XIX y XX, hacia una Sociedad de la Información, que ha comenzado marcando el siglo XXI, y que los pronósticos vaticinan que seguirá haciéndolo.

Dentro de esta Sociedad de la información, se sitúa implícitamente asociada, la Ciencia de la Documentación, la cuál se encuentra, de la misma forma que esta, en constante evolución y adaptación al mundo cambiante que la rodea, reformulando sus clásicos métodos de investigación y estudio de pasados siglos y buscando su lugar en este nuevo contexto tecnológico y digital.

En este maremágnum de cambios, como no es de otra forma, también se ve afectado el sistema productivo, el motor económico de cualquier sociedad avanzada, y por extensión su mano de obra. Los profesionales ven como cambia su concepción de trabajo y la forma de realizarlo. La tipología laboral cambia al mismo ritmo que la sociedad y es por ello que desde finales del pasado siglo se está produciendo la proliferación de nuevas profesiones íntimamente ligadas con estos cambios, con las nuevas tecnologías y con la denominada Web 2.0 y que sin lugar a dudas darán de que hablar, ya sea para bien, por su influencia y proyección, como para mal, por su sobrevaloración o mala interpretación de sus funciones.

Una de estas nuevas profesiones ligada con las nuevas tecnologías y que ha surgido como reflejo de la innovación tecnológica es el community manager, o en su versión española, el gestor de comunidades [virtuales]. Para AERCO (Asociación Española de Responsables de Comunidad y Profesionales Social Media) un community manager es *"aquella persona encargada/responsable de sostener, acrecentar y, en cierta forma, defender las relaciones de la empresa con sus clientes en el ámbito digital, gracias al conocimiento de las necesidades y los planteamientos estratégicos de la organización y los intereses de los clientes. Conoce los objetivos y actúa en consecuencia para conseguirlos."*

1.2.- Objetivos

Muchos autores asocian, o pretenden asociar, la figura del community manager a las Ciencias de la Documentación, basándose en la gestión de información que éste profesional puede, o pretende, realizar en el cometido de sus funciones. Pero como se analizará en este trabajo, una de las características más destacadas de este perfil profesional, y que avalan también estos autores, es la relación que esta profesión tiene con el marketing, la publicidad y las relaciones públicas, por lo que no queda patente si existe una afinidad de este perfil profesional con las Ciencias de la Documentación.

Sus funciones, a grandes rasgos, dentro de una organización son observar, recopilar y transmitir la información que una determinada organización mantiene con el exterior, con sus clientes, y por extensión se entiende que, con este modelo de gestión, se pretende vender la marca o algún producto de la misma, por lo que el marketing, la publicidad y las relaciones públicas, antes mencionadas, son las características que tiene un community manager, a primera vista, y que veremos a lo largo de este trabajo, comparándolas con las que tienen los profesionales de las Ciencias de la Documentación.

Decir tiene, que las características en un community manager, pueden en ocasiones equipararse a los profesionales de la Documentación, denominados en ocasiones como Gestores de Información y que englobaría como principales profesiones a bibliotecarios, archiveros y documentalistas, los cuales tienen como misión *"la planificación estratégica y la coordinación de todos los recursos relacionados con la información y participará en el diseño e implantación del sistema de información de la organización, a través de la coordinación de todos aquellos departamentos que manejan información."* (Muñoz Cruz, 1998)

En este trabajo se pretende encontrar, o no, el nexo de unión que haya, o pudiera haber, entre esta nueva profesión, asociada a las redes sociales y a la Web 2.0, con las Ciencias de la Documentación. Conocer las habilidades que se necesitan para desempeñar la profesión de community manager, así como definir sus funciones, y se comprobará si los estudios que se imparte y que están asociados a las Ciencias de la Documentación en la universidades españolas, avalan y forman de manera efectiva para el desempeño de esta profesión o si por el contrario existe una carencia formativa en las tareas y habilidades propias del community manager, que impidan a los profesionales de la Documentación ejercerla de forma correcta.

1.3.- Metodología

Para este trabajo se procedió a buscar y analizar las tareas y funciones que debe tener el perfil profesional del community manager y también a buscar y analizar las habilidades que debe tener este profesional para el mejor desempeño de su profesión.

Para ello, primero se procedió a buscar información que trate sobre este perfil profesional, utilizando páginas

Web de relevancia y libros, destacando, que en una primera toma de contacto, existe poca bibliografía, sobre todo en lengua hispana, debido a la novedad que este perfil profesional tiene.

A continuación se revisaron los planes de estudios del Grado en Información y Documentación de las diferentes universidades españolas que lo imparten, tomando estos estudios como referencia, y que según el Libro Blanco del título de Grado en Información y Documentación: *se quiere enfatizar que la información y la documentación son los núcleos centrales que comparten los profesionales que trabajan en bibliotecas, centros de documentación y archivos y como gestores de contenidos en todo tipo de organizaciones.* (ANECA, 2005: p. 9)

Una vez recopilados los datos, se analizó la información recogida y se extrajeron las competencias y habilidades necesarias para el desempeño de la labor del community manager, así como las competencias y habilidades que deben adquirir los alumnos del grado en Información y Documentación y se compararon, para pretender justificar, si el perfil profesional, sus funciones y las habilidades que debe tener un community manager se ajustan, primero, a las habilidades que los profesionales dedicados a la gestión documental han adquirido en su formación universitaria y analizar si se puede seguir valorando al community manager como una salida profesional a los estudios del Grado en Información y Documentación y , segundo, si este perfil profesional se puede identificar con las funciones y las competencias que tienen los profesionales de la Documentación en el desempeño de su labor profesional.

Para las citas se ha utilizado el sistema Harvard por ser uno de los sistemas más fáciles y prácticos; además de ser uno de los más utilizados.

2.- Contexto

2.1.- Ciencias de la Documentación

El término Documentación se refiere a una disciplina académica que ha sido objeto de análisis lingüísticos para clarificar su pertinencia e importancia en el campo científico. En latín los términos *documentatio* y *documentum,* en singular y plural, tienen el significado de instrumento de prueba en el terreno jurídico o en el gramático, y sobre todo, las de precepto, enseñanza o doctrina moral (Terrada) . Para López Yepes, desde el punto de vista de la evolución semántica, el documento puede ser considerado instrumento de cultura, instrumento de conocimiento y de fijación de la realidad.

Así, las Ciencias de la Documentación se centran en el estudio del documento. El documento presta el objeto de estudio por cuanto es constitutivo esencial del proceso de la documentación, portador y transmisor de mensajes registrados y recuperables, y naturaleza sujeta a proceso de transformación. (López Yepes, 1997)

Para Otlet, el enfoque científico del documento recoge los principios antropológicos y culturales: "Los libros constituyen en su conjunto la memoria materializada de la Humanidad, registrando día a día los hechos, ideas, acciones, sentimientos, sueños, sean cuales sean, que han impresionado el espíritu del hombre" (Otlet, 1934).

La Documentación, entendida como disciplina científica, tiene diversas definiciones, como bien constata Félix Sagredo, recogiendo más de cien definiciones de este concepto en *Análisis formal de las definiciones sobre documentación (1934-1984)*. Si bien, esta vasta cantidad de definiciones puede acarrear contradicciones y controversias, centro mi atención en la definición que José López Yepes y Juan Ros García aportan del concepto de Documentación y que puede entenderse de las siguientes formas (López Yepes; Ros García, 1993):

- En un sentido amplio, la Documentación es la suma de disciplinas que estudian el documento como una fuente de información para obtener datos o para tomar decisiones. Este conjunto se denomina *Ciencias de la Documentación* y abarca materias como Archivística, Biblioteconomía, Bibliografía, Documentación y Museología.

- Desde una perspectiva más estricta, la Documentación es la disciplina que estudia los aspectos relacionados con la organización de los servicios, redes y centros de documentación, así como con los procedimientos y recursos que se emplean para el tratamiento y difusión de las informaciones contenidas en los centros de documentación o servicios de información. Cuando se utiliza esta acepción se denomina *Documentación General.*

- La Documentación es también una disciplina instrumental al servicio de cualquier materia, ya que es una fuente para obtener nueva información. Cualquier ciencia o rama del saber dispone de una documentación especializada que trabaja para la misma. En este caso se habla de Documentación *especializada* o Documentación *aplicada.*

2.2.- Web 2.0

Han pasado diez años desde la primera página Web y desde que la evolución de la WWW inició su fase 2.0, apareciendo la denominada Web social. En 2004, Tim O'Reilly acuñaba el término de Web 2.0 o Web social para referirse a una segunda generación de webs, basadas en comunidades de usuarios y una gama especial de servicios, como las redes sociales, los *blogs,* los *wikis* o las *folcsonomías,* que fomentan la colaboración y el intercambio ágil de información entre los usuarios. (Vinader, 2011)

Esta evolución de la Web convierte a los internautas en gestores de los contenidos con los que interactúan, de manera que pueden modificar "todas aquellas utilidades y servicios de Internet que se sustentan en una base de datos, ya sea en su contenido [...], bien en la forma de presentarlos, o en contenido y forma simultáneamente" (Ribes, 2007)

Compartir, comunicar, conversar y cooperar son las 4 C's de la Web 2.0 que hacen de este medio el motor del cambio del intercambio de información y del modo de comunicarse

Esta nueva generación de webs permite a los usuarios modificar sus contenidos, dado que están programadas sobre una base de datos. Cualquier internauta con conocimientos de ofimática puede producir y difundir contenidos a través de la Red. Se ha pasado de un entorno estático, donde el usuario era un mero consumidor de información, a otro dinámico, donde el internauta pasa a formar parte activa de los contenidos que comparte con el resto de usuarios. (Vinader, 2011)

Todo este intercambio de información también se traslada a un espacio 2.0 muy valorado por los usuarios y que son las redes sociales. Como ejemplo destacar que España es el segundo país europeo en el uso de redes sociales, después de Reino Unido (Fundación Telefónica, 2009).

Según el informe *La Sociedad en Red 2013*, publicado por el Observatorio Nacional de las Telecomunicaciones y de la Sociedad de la Información (ONTSI), en 2012 había 27,9 millones de usuarios de Internet en España, de los cuales la mitad utilizaban medios sociales, lo que demuestra la dimensión que estas redes de conexión virtual están tomando y la penetración que realizan en la sociedad actual, provocando una nueva forma de entender las relaciones sociales y, como no, la nueva forma de compartir información.

Tras la lectura de alguno de estos datos queda patente que las redes sociales han llegado para quedarse, están en el día a día de los ciudadanos y son parte fundamental en sus relaciones sociales, las cuales se están viendo modificadas por las nuevas tecnologías.

2.3.- Profesiones cambiantes

El cambio que se está produciendo con el creciente uso de las redes sociales también esta generando un cambio, como veíamos en la introducción, en la concepción del entorno empresarial; un nuevo modelo de trabajo se está fraguando en torno a las nuevas tecnologías de la información y la comunicación y que esta provocado por la incursión de las redes sociales, que ha creado una evolución y un cambio en el entorno laboral, lo que ha llevado a las compañías a la necesidad de adaptarse al cambio y comenzar a gestionar su imagen corporativa en estos medios sociales, suponiendo la aparición, como no podía ser de otro modo, de nuevos perfiles profesionales relacionados con estos espacios virtuales, cuyo objetivo principal es, por un lado, mantener una comunicación directa con los clientes, que antes se ofrecía de forma presencial y, por otro lado, poder controlar de forma más efectiva los flujos de información que sobre una determinada compañía se difunden a través de los mismos, y así fomentar y mejorar la denominada *reputación online* que una compañía busca en las redes sociales, ya que un mal comentario o una información desacertada puede incidir en las futuras ventas.

Para estos objetivos surgen nuevos perfiles profesionales, los cuales emergen a raíz del protagonismo que el usuario ha adquirido en la Web 2.0, y que son, entre otros muchos: SEO (Search *Engine Optimizer),* community *manager, content curator y social media analista.*

3.- Community manager

3.1.- Definición

El Social Media y las redes sociales se encuentran en evolución, su influencia en el mundo virtual es patente y la figura del community manager como profesional en este ambiente de constante cambio tiene un peso relevante, pero a la vez, este torbellino de cambios sin pausa dificulta la definición exacta y precisa de este profesional. En el mundo empresarial se lleva tiempo recurriendo a los community manager para promocionar y difundir sus productos, principalmente en las redes sociales que es donde desarrollan su trabajo diario, realizando para ello campañas de marketing online, y cada año, la dependencia hacia estos profesionales, va en aumento.

Significativos son los datos que ya en el año 2010 daba Territorio Creativo en su estudio *"El Marketing en los Medios Sociales"* sobre el uso de los medios sociales por parte de las empresas españolas en el que dice que **8 de cada 10 empresas que realiza acciones en medios sociales lo usan para hacer branding** (conocer y posicionar la marca) y que el

51% de las empresas que usa medios sociales, dispone de un community manager.

Para conocer mejor que es un community manager es necesaria una aproximación a la definición del mismo. La primera la da AERCO (Asociación Española de Responsables de Comunidad y Profesionales Social Media) para la cual es *"aquella persona encargada/responsable de sostener, acrecentar y, en cierta forma, defender las relaciones de la empresa con sus clientes en el ámbito digital, gracias al conocimiento de las necesidades y los planteamientos estratégicos de la organización y los intereses de los clientes. Conoce los objetivos y actúa en consecuencia para conseguirlos."*

Por otro lado también se le podría definir como al profesional que adopta una posición intermedia entre la empresa y los consumidores, por lo que va más allá del puro altavoz empresarial en un nuevo medio. En vez de eso, trata de hacer saber a los consumidores que ofrece la empresa a la que representa y al mismo tiempo intenta defender ante su empresa a dichos consumidores. Es una especie de mediador digital, alguien que transforma la relación empresaconsumidor-empresa haciendo de intermediario entre las partes (Leiva-Aguilera, 2010)

Otras definiciones de diferentes autores serían:

"Las personas responsables de gestionar, acrecentar, moderar y defender las relaciones de la empresa con sus clientes en el ámbito digital, gracias al conocimiento de las necesidades y los planteamientos estratégicos de la organización y los intereses de sus clientes. Conoce los objetivos y actúa en consecuencia para conseguirlos" (Moreno, 2012)

"El community manager o responsable de comunidad es la persona encargada de crear, gestionar y dinamizar una comunidad de usuarios en Internet con independencia de la plataforma que empleen" (ONTSI, 2011, p. 70)

En definitiva un community manager es la persona que, además de crear la comunidad de clientes con los que interactúa en diferentes plataformas, se encarga de velar por la reputación online y los intereses de la *marca* a la que defiende o representa, así cómo de recolectar, filtrar y difundir la información que de ésta exista en Internet y resulte de interés para la consecución comercial de los objetivos.

3.2.- Funciones

Al igual que la definición del perfil, las funciones que debe tener el community manager son diversas dependiendo de la fuente a la que se recurra. En este caso para la ya citada AERCO, las funciones que tiene asignadas el community manager son:

1. **Escuchar.** Monitorizar constantemente la Red en busca de conversaciones sobre nuestra empresa, nuestros competidores o nuestro mercado.

2. **Circular internamente la información**. A raíz de esta escucha, debe ser capaz de extraer lo relevante de la misma, crear un discurso entendible y hacérselo llegar a las personas correspondientes dentro de la organización.

3. **Explicar la posición de la empresa a la comunidad**. El community manager es la voz de la empresa hacia la comunidad, una voz positiva y abierta que transforma la *"jerga interna"* de la compañía en un lenguaje inteligible. Responde y conversa activamente en todos los medios

sociales en los que la empresa tenga presencia activa (perfil) o en los que se produzcan menciones relevantes. Escribe artículos en el blog de la empresa o en otros medios sociales, usando todas las posibilidades multimedia a su alcance. Y selecciona y comparte además contenidos de interés para la comunidad.

4. **Buscar líderes, tanto interna como externamente**. La relación entre la comunidad y la empresa está sustentada en la labor de sus líderes y personas de alto potencial. El community manager debe ser capaz de identificar y "reclutar" a estos líderes, no sólo entre la comunidad sino, y sobre todo, dentro de la propia empresa.

5. **Encontrar vías de colaboración entre la comunidad y la empresa**. La mayoría de directivos desconoce cómo la comunidad puede ayudar a hacer crecer su empresa. No es algo que hayan utilizado nunca en su carrera, ni que hayan estudiado en las escuelas de negocios. El community manager les debe mostrar el camino y ayudarles a diseñar una estrategia clara de colaboración.

Según Oscar Rodríguez Fernández (2012) las funciones del community manager serían:

- **Escuchar**. Es la función clave para una buena investigación y monitorización.
- **Conversar**. Hablar y responder activamente en todas las plataformas sociales en que se haga mención a la campaña.
- **Curar**. A raíz de la escucha, extraer lo relevante y desarrollar un informe de situación, es lo que ha venido a denominarse curación de contenidos.
- **Colaborar**. Hacer llegar la información, con el informe de situación extraído de la investigación, a clientes o departamentos internos.
- **Transmitir**. Explicar adecuadamente la estrategia de comunicación de la campaña en los Social Media. De este modo el Community Manager se convierte en la voz de la campaña hacia los usuarios adaptando el mensaje propuesto en la estrategia.
- **Compartir**. Seleccionar contenidos de interés para la comunidad y hacerlos llegar a los usuarios.
- **Conectar**. Buscar líderes, tanto interna como externamente, para crear una relación entre la comunidad y la campaña sustentada en su labor.
- **Analizar**. Medir, cualificar y cuantificar todos los detalles que sean importantes para la campaña.

3.3.- Conocimientos y habilidades

Bien es sabido que para adquirir conocimientos es necesario un proceso formativo que ayude a asimilar la nueva información que se pretende aprender, si bien para adquisición de las habilidades entran en juego diferentes factores, tanto sociales como educacionales, que favorezcan la creación y mejora de esas habilidades.

Debido a la novedad del perfil profesional del community manager son diferentes las actitudes y aptitudes que de diferentes fuentes se van creando y listando para conseguir enmarcar las más adecuadas a este profesional. Por ello que recojo un listado de las mas representativas. Las habilidades mas destacables del community manager son:

1. **Dotes comunicativas**, debe tener buena redacción y conversación fluida con los clientes

2. **Escucha activa.** Tiene que saber ser Asertivo y buena comprensión con las opiniones y comentarios

3. **Orientación al cliente**. Es parte vital en su perfil profesional, el puesto esta "creado" para el cliente. Necesita investigar las necesidades del

cliente y dar la misma calidad de atención sea cual sea el cliente.

4. **Tener "Cultura 2.0".** Conocimiento y gusto por las nuevas tecnologías, herramientas, Internet y la Web 2.0. en general

5. **Conocer el sector** del social media y de la profesión en la que se mueva, networking

6. **Conocer los canales adecuados para la comunicación online**

7. **Empatía,** adaptarse al estilo de comunicación del cliente o seguidor

8. **Creatividad**, plantear y buscar ideas originales

9. **Sentido común**

10. **Capacidad de análisis**, sobre todo de analíticas web

11. **Resolutivo**, tener capacidad para resolver las crisis de reputación online que pueda tener la marca.

12. **Innovación**. tener la capacidad de adaptarse a los cambios y buscar nuevas fórmulas de difusión o comunicación.

13. **Conocer aspectos sobre usabilidad y arquitectura de la información**, muy a tener en cuenta si se quiere llegar a mas clientes

Las funciones que debe tener un community manager deben estar asociadas a unas habilidades que hagan que estas se desarrollen de la forma más óptima. En el cuadro siguiente he resumido las principales funciones que deben tener este profesional y las habilidades que las complementan:

Funciones	Habilidades
Escuchar	Asertividad
	Motivación
Conversar	Dotes comunicativas
	Empatía
Transmitir	Tener "Cultura 2.0"
	Resolutivo
	Buena expresión
Compartir	Conocer el sector
	Innovación
Conectar comunidad y empresa	Orientación al cliente
Colaborar	Creatividad
Analizar	Capacidad de análisis
Buscar líderes	Liderazgo

Tabla 1.- Funciones y habilidades del community manager

4.- Grado en información y Documentación

4.1.- Introducción

La actual titulación que forma archiveros, bibliotecarios y documentalistas, desde la implantación del Plan Bolonia y su desarrollo con el Libro Blanco del Título de Grado en Información y Documentación de 2005, es la creada por el Real Decreto 1393/2007, de 29 de octubre, con la denominación de **Grado en Información y Documentación**

El Grado en Información y Documentación en España tienen su origen en la antigua Escuela Superior de Diplomática, que desde mediados del siglo XIX hasta 1900 formó a los profesionales del Cuerpo Facultativo de Archiveros y Bibliotecarios, más tarde se materializó como enseñanza universitaria por el Real Decreto 3104/1978, de 1 de diciembre, por el que se creaban las enseñanzas de biblioteconomía y documentación, además fue incluida por el Anexo del Real Decreto 1888/1984, de 26 de septiembre, en el catálogo de áreas de conocimiento a las que se adscriben las plazas de los cuerpos docentes universitarios (profesores numerarios). Desde entonces en las universidades españolas se imparte la Biblioteconomía y Documentación como área de conocimiento reconocida por el Ministerio de Educación a través del Consejo de Universidades, aunque las enseñanzas no comenzaron a impartirse hasta el año académico 1990-1991.

El Real Decreto 1422/1991, de 30 de agosto, por el que se establece el título universitario oficial de Diplomado en Biblioteconomía y Documentación y las directrices generales propias de los planes de estudios, y luego el título universitario oficial de Licenciado en Documentación mediante el Real Decreto 912/1992, de 17 de julio. Finalmente ambos títulos fueron homologados como títulos oficiales por el Real Decreto 1954/1994, de 30 de septiembre.

UNIVERSIDAD	CENTRO	BIBLIOTECONOMÍA Y DOCUMENTACIÓN	DOCUMENTACIÓN
Alcalá	Facultad de Documentación		1994
Autónoma de Barcelona	Facultat de Ciències de la Comunicació		1999
Barcelona	Facultat de Biblioteconomia i Documentació	1982	1998
Carlos III	Facultad de Humanidades, Comunicación y Documentación	1990	1994
Complutense de Madrid	Escuela Univ. de Bib. y Documentación Facultad de Ciencias de la Información	1990	1996
Coruña, La	Facultad de Humanidades	1996	2003
Extremadura	Facultad de Biblioteconomía y Documentación	1994	1997
Granada	Facultad de Biblioteconomía y Documentación	1983	1994
León	Facultad de Filosofía y Letras	1991	
Murcia	Facultad de Comunicación y Documentación	1988	1998
Oberta de Catalunya	Estudis de Ciències de la Informació i de la Comunicació		1999
Politécnica de Valencia	Facultad de Informática		1997
Salamanca	Facultad de Traducción y Documentación	1987	1994
San Pablo - Ceu	Facultad de Humanidades	1994-2003	
Valencia (Estudi General)	Facultat de Geografia i Història	1996	
Vic	Facultat de Ciències Humanes, Traducció i Documentació	1998	
Zaragoza	Facultad de Filosofía y Letras	1989	

Tabla 2.- Universidades y centros españoles que imparten la diplomatura en Biblioteconomía y Documentación y/o la licenciatura en Documentación (ANECA, 2005)

4.2.- Perfil Profesional

Para este apartado tomaré como referencia el Libro Blanco del Título de Grado en Información y Documentación (ANECA, 2005) ya que creo oportuno basarme en su contenido, por la relevancia que tiene, ya que el resultado de su informe es el resultado del acuerdo de todas las universidades que imparten el grado en Información y Documentación, así que su importancia está patente, ya que estas universidades avalan y ratifican su contenido para diseñar los planes de estudios que después se confeccionarán.

Según indica el libro blanco del Grado en Información y Documentación "El objetivo básico de la titulación es formar profesionales capaces de seleccionar, gestionar, organizar y preservar la documentación y la información para que pueda ser utilizada por terceros independientemente del lugar donde esté depositada o de su formato y soporte. El titulado trabaja en todo tipo de bibliotecas, centros de documentación y de información y archivos, y como gestor de contenidos. **Entre sus tareas están las de seleccionar, organizar y preservar la información y la documentación impresa, así como la que se presenta en otros formatos (grabaciones sonoras y de vídeo, fotografías, películas cinematográficas, recursos digitales, etc.).** El tratamiento de la información se realiza en función de la comunidad de usuarios a la que se presta servicio"

Para ANECA los objetivos que se deben conseguir de formación y aprendizaje para adquirir conocimientos teóricos, técnicos y aplicados de los titulados en Información y Documentación son:

- Conocer la naturaleza de la información y de los documentos, de sus diversos modos de producción y de su ciclo de gestión, de los aspectos legales y éticos de su uso y transferencia, y de las fuentes principales de información en cualquier soporte.

- Conocer los principios teóricos y metodológicos para la planificación, organización y evaluación de sistemas, unidades y servicios de información.

- Conocer los principios teóricos y metodológicos para la reunión, selección, organización, representación, preservación, recuperación, acceso, difusión e intercambio de la información.

- Conocer los principios teóricos y metodológicos para el estudio, el análisis, la evaluación y la mejora de los procesos de producción, transferencia y uso de la información y de la actividad científica.

- Conocer las tecnologías de la información que se emplean en las unidades y servicios de información.

- Conocer la realidad nacional e internacional en materia de políticas y servicios de información y de las industrias de la cultura.

- Adquirir la capacidad de aplicar y valorar las técnicas de planificación, organización y evaluación de sistemas, unidades y servicios de información.

- Adquirir la capacidad de usar y aplicar las técnicas, las normativas y otros instrumentos utilizados en la reunión, selección, organización, representación, preservación, recuperación, acceso, difusión e intercambio de la información.

- Disponer de habilidades en el manejo de las tecnologías como medio indispensable en los procesos de tratamiento y transferencia de la información

- Disponer de habilidades en la autentificación, el uso, el diseño y la evaluación de fuentes y recursos de información.

- Disponer de habilidades para analizar, asesorar y formar a productores, usuarios y clientes de servicios de información, así como negociar y comunicarse con ellos.

- Disponer de habilidades en la obtención, tratamiento e interpretación de datos del entorno de las unidades y servicios de información, y el estudio, la gestión y la evaluación de los procesos de producción, transferencia y uso de la información y de la actividad científica.

- Comprender y aplicar los principios y las técnicas para la planificación, organización y evaluación de sistemas, unidades y servicios de información.

- Comprender y aplicar los principios y las técnicas para la reunión, selección, organización, representación, preservación, recuperación, acceso, difusión e intercambio de la información.

- Utilizar y aplicar herramientas informáticas para la implantación, desarrollo y explotación de sistemas de información.

- Comprender y aplicar las técnicas de evaluación de las fuentes y recursos de información.

- Comprender y aplicar las técnicas de gestión y marketing de sistemas, unidades y servicios de información.

Los estudios del Grado en Información y Documentación se dirigen a formar profesionales que sean capaces de desarrollar los fundamentos teóricos y prácticos, antes citados, y que les permitan su aplicación a distintos entornos (bibliotecas de todo tipo, centros de documentación, archivos y también como gestores de la

Información /documentación en todo tipo de organizaciones). El conocimiento de estas habilidades va a configurar los objetivos de la titulación y los planes de estudios de las diferentes universidades que la imparten.

El análisis y la definición de perfiles profesionales y las correspondientes competencias profesionales de los titulados en Información y Documentación, han puesto de manifiesto que, ante un contexto en el que las necesidades de la sociedad han ido cambiando, se imponen nuevos requerimientos en cuanto a conocimientos y destrezas de estos titulados. De esta forma, los estudios de Grado en Información y Documentación han de garantizar el desarrollo de los conocimientos básicos necesarios que permitan desempeñar los perfiles profesionales detectados actualmente en esta titulación, a la vez que garantizar el correcto desarrollo de los futuros estudios de postgrado. (ANECA, 2005)

Para la ANECA el perfil profesional de los titulados en Información y Documentación debe tener o adquirir unas competencias para el buen desempeño de sus funciones profesionales y son:

- Capacidad de aplicar las técnicas de planificación, organización, gestión y evaluación de centros y servicios de información.

- Capacidad de usar y aplicar las técnicas, normativas y otros instrumentos utilizados en la reunión, selección, organización, recuperación y preservación de la información.

- Habilidades en el manejo de las tecnologías como medio indispensable en los procesos de tratamiento y transferencia de la información.

- Habilidades en la autentificación, el uso y la evaluación de fuentes y recursos de información.

- Habilidades para analizar, asesorar y formar a productores, usuarios y clientes de servicios de información.

- Habilidades en los procesos de negociación y comunicación.

- Habilidades en la obtención, tratamiento e interpretación de datos sobre el entorno de los servicios de información, y el estudio y la gestión de los procesos de producción y transferencia de la información.

Resumiendo, estas serian las habilidades personales que debe tener el profesional de la documentación para poder desempeñar de forma idónea sus funciones profesionales:

Habilidades
Capacidad de análisis y síntesis
Capacidad de organización y planificación
Conocimientos de informática
Capacidad de gestión de la información
Resolución de problemas
Toma de decisiones
Trabajo en equipo
Trabajo en un contexto internacional
Habilidades en las relaciones interpersonales
Razonamiento crítico
Compromiso ético
Aprendizaje autónomo
Adaptación a nuevas situaciones
Creatividad
Liderazgo
Conocimiento de otras culturas y costumbres
Iniciativa y espíritu emprendedor
Motivación por la calidad

Tabla 3.- Habilidades del Graduado en Información y Documentación

En cuanto a las funciones propias de los titulados en el Grado de Información y Documentación no están definidas propiamente dicho, ya que dependiendo del puesto de trabajo que se ocupe una vez finalizados los estudios estas pueden variar de uno a otro puesto. Por ello aporto este cuadro de las posibles funciones que todo profesional titulado en el Grado de Información y Documentación debe cumplir y que una vez finalizada la formación teórica debe dominar, al menos en una fase primaria, desarrollándose en función de la posterior experiencia profesional y con ampliación de formación más específica:

Funciones
Planificación, organización y evaluación de sistemas, unidades y servicios de información y documentación
Selección, clasificación, catalogación, organización, representación, preservación, recuperación, acceso, difusión e intercambio de la información y documentación
Analizar, asesorar y formar a productores, usuarios y clientes de servicios de información, así como negociar y comunicarse con ellos
Gestión y marketing de sistemas, unidades y servicios de información y documentación

Tabla 4.- Funciones del Graduado en Información y Documentación

4.3.- Salidas profesionales

El titulado en Información y Documentación debe estar capacitado para trabajar como gestor de la información/documentación y en el servicio al usuario en cualquier tipo de unidad o servicio de información, y como gestor de contenidos (ANECA, 2005), y se definen estos lugares donde podrá realizar sus funciones los titulados:

- Bibliotecas generales, ya sean nacionales, públicas, universitarias, de centros de enseñanza primaria y secundaria, parlamentarias, etc.
- Bibliotecas especializadas y centros de documentación de la Administración pública, de empresas, de medios de comunicación, editoriales y librerías, asesorías y consultorías legales, de informática y tecnologías, de servicios bibliográficos y documentales, etc.
- Archivos nacionales, archivos de instituciones y organismos de la Administración pública y archivos privados (eclesiásticos, de empresa y de otros organismos...)
- Empresas de creación y difusión de bases de datos, de creación de sistemas de almacenaje y recuperación de la información, sistemas de información, portales de Internet, empresas de creación de contenidos editoriales, etc.

También las diferentes universidades que ofertan el Grado en Información y Documentación ofrecen diversas perspectivas de salidas profesionales para los titulados. Algunas de ellas enfocan la misma línea que las que ofrece el Libro Blanco del Grado en Información y Documentación como es el caso de la Universidad de Granada. Otras universidades enuncian perfiles profesionales como salidas laborales y no los lugares o tipos de empresas donde desarrollarlos como ocurre en el citado Libro Blanco.

A continuación se listan las salidas profesionales que ofrecen las universidades que lo integran en sus páginas Web y que han sido consultadas:

- **Universidad de Zaragoza**: Gestor de la información, documentalista, editor de contenidos digitales, archivero, bibliotecario, consultor en información...
- **Universidad de Extremadura**: Documentalista (gestor de conocimiento, documentalista jurídico,...); Gestor de contenidos y de información (diseño y gestión de páginas Web y de bases de datos,...); Community manager (gestor de comunicación, gestor de Redes Sociales); Bibliotecario (dinamizador de bibliotecas, bibliotecario de fonotecas, hemerotecas,...);

Archivero (personal técnico y directivo, gestor de actas,...); Digitalizador (asesor y revisor en digitalización de documentos,...); Docente (en universidades, academias,...); Investigador (en universidades, evaluación científica,...)

- **Universidad de Murcia**: Bibliotecario general, bibliotecario especializado, documentalista, archivero, gestor de contenidos, alfabetizador informacional

- **Universidad de la Coruña**: Bibliotecas, archivos, centros de documentación de medios de comunicación, empresas de innovación tecnológica, entidades culturales y consultorías.

- **Universidad Complutense de Madrid**: Bibliotecario, archivero, documentalista, gestor de la documentación

La única Universidad que incluye el perfil del community manager es la de Extremadura, aunque si bien también incluye otros perfiles que no se adaptan a la realidad del plan de estudios que oferta ya que incluye el diseño de páginas web como salida profesional, algo que debe tener otra formación complementaria para poder realizarla de forma efectiva; como en el caso del community manager, la formación que recibe en las universidades no es apta para el desempeño de sus funciones ya que los planes de estudios se centran en formación teórica y práctica para fomentar habilidades propias de la documentación (clasificar, catalogar, seleccionar, organizar y preservar la información) , y no se forma en habilidades genéricas como son el compartir, comunicar, conversar y cooperar, que son habilidades que se adquieren a lo largo del proceso educativo y que son inherentes al ser humano con un desarrollo óptimo, y que el community manager desarrolla en plataformas digitales.

Por ultimo citar el informe sobre los *Perfiles profesionales del Sistema Bibliotecario Español: fichas de caracterización* (2013) del Consejo de Cooperación Bibliotecaria y en él se pretenden definir los perfiles profesionales que debe haber en el sistema bibliotecario español, o al menos una aproximación. En dicho informe se comienza diciendo que *la figura del bibliotecario no está bien definida, y e*n el mismo texto también nos dicen, resultando poco alentador, lo siguiente:

La realidad de los servicios bibliotecarios necesita muchos perfiles híbridos con funciones y competencias que en muchas ocasiones van más allá de las descritas en el documento y que en muchas ocasiones van más allá de nuestra disciplina de Información y Documentación.

El informe incluye además el perfil del community manager, muy relacionado con el marketing, las relaciones públicas y la publicidad, y no tanto con las Ciencias de la Documentación, denominándolo *Bibliotecario encargado de la web social.* (BENEYTO, 2013)

5.- Conclusiones

- Las Ciencias de la Documentación se centran en el estudio del documento y abarcan materias como la Archivística, Biblioteconomía, Bibliografía, Documentación y Museología.

- La Web 2.0 es una realidad en la sociedad actual y se basa principalmente en **compartir, comunicar, conversar y cooperar,** lo que ha potenciado las redes sociales, las cuales son parte integrante e integradora de la comunicación personal y profesional en la actualidad.

- El community manager es una nueva profesión en continuo crecimiento relacionada principalmente con la **publicidad, el marketing y las relaciones públicas**, y no con las Ciencias de la Documentación, ya que las principales funciones del community manager son **escuchar, conversar, transmitir y compartir,** funciones demasiado genéricas que podrían ser realizadas por cualquier profesional con unas habilidades comunicativas altas y con orientación al cliente, sin necesidad de formación específica en Información y Documentación.

- El titulado en el Grado en Información y Documentación tiene como principales funciones **clasificar, catalogar, seleccionar, organizar y preservar la información**, funciones que no son realizadas por el community manager para el desempeño de su labor.

- El community manager **no p**lanifica, organiza y evalúa sistemas, unidades y servicios de información y documentación dentro de sus funciones.

- El community manager no es un perfil específico de los titulados en Información y Documentación puesto que sus tareas principales son la de comunicar y difundir información, y carece de las principales funciones desarrolladas por los titulados en Información y Documentación que son **clasificar, catalogar, seleccionar, organizar y preservar la información.**

- Cualquier titulado, incluido el Graduado en Información y Documentación, puede trabajar de community manager, pero debe contar con una formación especifica de postgrado en este campo, ya que, en el caso que nos ocupa, el Grado en Información y Documentación no forma en materias que aumenten y mejoren las competencias específicas que esta profesión necesita, si bien, no es necesario tener titulación alguna para poder ejercer en esta profesión, se necesita en algún caso, formación complementaria para ello.

- Hoy por hoy los graduados en Información y Documentación no cuentan con una formación específica en community manager y es por ello que aún no se incluye como salida profesional en la información sobre la titulación que ofrecen las universidades españolas que la imparten.

6.- Bibliografía

- AERCO; *Definición y Funciones del community manager,* consultado en línea el 6 de enero de 2013 en http://www.aercomunidad.org/nuestros-socios/

- ANECA (2005) *Libro Blanco del Título de Grado en Información y Documentación,* consultado en línea el 6 de enero de 2013 en http://www.aneca.es/media/150424/libroblanco_jun05_documentacion.pdf

- BAIGUET, T. (2012); *Profesionales de la Información: un futuro de oportunidades;* En *Dos décadas de información y documentación: [De la Escuela Universitaria de Biblioteconomía y Documentación a la Facultad de Ciencias de la Documentación (1991-2010)],* Madrid, Facultad Ciencias de la Documentación.

- BARCELÓ, J.C. (2012); *Descripción del puesto y Competencias personales del Community Manager*, consultado en línea el 7 de abril de 2013 en http://www.redeshumanas20.com/2012/03/descripcion-del-puesto-y-competencias.html

- BENEYTO, R.G. (2013); Cuando la moda prima sobre la profesionalidad [Opinión], consultado en línea el 7 de abril de 2013 en http://documania20.wordpress.com/2013/02/26/cuando-la-moda-prima-sobre-la-profesionalidad-opinion/

- GARDACHAL, D. (2012); *Definición y habilidades del community manager,* consultado en línea el 7 de abril de 2013 en http://diegogardachal.wordpress.com/2012/04/03/definicion-y-habilidades-de-un-community-manager/

- LOPEZ YEPES, J.; ROS GARCÍA, J. (1993) *¿Qué es documentación?: teoría e historia del concepto en España.* Madrid: Síntesis.

- LOPEZ YEPES, J. *Reflexiones sobre el concepto de documento ante la revolución de la información*; consultado en línea el 27 de agosto de 2013 en http://ibersid.eu/ojs/index.php/scire/article/view/1064

- MARQUINA-ARENAS, J. (2011); *El Community manager y las Unidades de Información*; consultado en línea el 7 de abril de 2013 en http://www.julianmarquina.es/community-manager-unidades-informacion

- MONGE; S. (2010); *Community manager, el ABC;* consultado en línea el 7 de abril de 2013 en http://www.tallerd3.com/archives/5720

- MORENO, R. (2012); *Ser Community manager;* consultado en línea el 4 de abril de 2013 en http://cosesti.blogspot.com.es/2012/07/ser-community-manager.html

- MUÑOZ CRUZ, V. (1998); *El papel del gestor de la información en las organizaciones a las puertas del Siglo XXI;* En *VI Jornadas Españolas de Documentación,* FESABID 98, consultado en línea el 2 de enero de 2013 en http://www.ciepi.org/fesabid98/Comunicaciones/v_munyoz.htm

- OBSERVATORIO NACIONAL DE LAS TELECOMUNICACIONES Y DE LA SOCIEDAD DE LA INFORMACIÓN (2012). *La Sociedad en Red 2012 Informe Anual,* consultado en línea el 27 de agosto de 2013 en http://www.ontsi.red.es/ontsi/sites/default/files/info

rme_anual_la_sociedad_en_red_2012_edicion_2013_1.pdf

- PIÑERO, G. (2010); *Community Manager – Definición, funciones, tareas y perfil,* consultado en línea el 7 de abril de 2013, en http://www.elblogdegerman.com/2010/11/09/community-manager-definicion-funciones-tareas-y-perfil-smo/

- RIBES, X. (2007). *La Web 2.0, el valor de los metadatos y de la inteligencia colectiva.* Telos, 73.

- RODRÍGUEZ FERNÁNDEZ, O. (2012); *Curso de Community manager,* Madrid, Anaya

- TERRITORIO CREATIVO (2010); *Marketing en medios sociales en España, El,* consultado en línea el 4 de abril de 2013 en http://www.territoriocreativo.es/etc/2010/04/estudio-social-media-espana.html

- TERRITORIO CREATIVO y AERCO (2009); *Función del community manager, La,* consultado en línea el 7 de abril de 2013 en http://www.territoriocreativo.es/etc/2009/11/community-manager-whitepaper.html

- TORRES-SALINAS, D. (2010); *Web 2.0 y biblioteca: de la experimentación a la evaluación*, en *V Congreso de Bibliotecas Públicas*, Gijón

- Universidad de Granada, pagina web consultada en línea el 27 de agosto de 2013 en http://grados.ugr.es/documentacion/pages/salidas_profesionales

- Universidad de Zaragoza, pagina web consultada en línea el 27 de agosto de 2013 en http://titulaciones.unizar.es/informacion-documentacion/

- Universidad de Extremadura, pagina web consultada en línea el 27 de agosto de 2013 en http://www.unex.es/conoce-la-uex/estructura-academica/centros/alcazaba/info_academica_centro/titulaciones/info_titulacion?idTitulacion=G52&idPlan=1706&idCentro=17

- Universidad de Murcia, pagina web consultada en línea el 27 de agosto de 2013 en http://www.um.es/infosecundaria/grados/infor-documentacion.php

- Universidad de La Coruña, pagina web consultada en línea el 27 de agosto de 2013 en http://estudos.udc.es/es/study/detail/710G02V01

- Universidad Complutense de Madrid, pagina web consultada en línea el 27 de agosto de 2013 en http://documentacion.ucm.es/estudios/2013-14/grado-informacionydocumentacion-estudios-competencias

- VINADER SEGURA, R. (2011); *El impacto de la Web 2.0 en los perfiles profesionales del sector audiovisual*, consultado en línea el 27 de agosto de 2013 en http://sociedadinformacion.fundacion.telefonica.com/seccion=1266&idioma=es_ES&id=2011051110220001&activo=6.do